Impressum
Verlag: BABADADA GmbH, Nedderfeld 112 , 22529 Hamburg
Geschäftsführer / Verlagsleitung: Harald Hof
Druck: Books on Demand GmbH, In de Tarpen 42, 22848 Norderstedt

Imprint
Publisher: BABADADA GmbH, Nedderfeld 112 , 22529 Hamburg, Germany
Managing Director / Publishing direction: Harald Hof
Print: Books on Demand GmbH, In de Tarpen 42, 22848 Norderstedt, Germany

xue xiao

sekolah

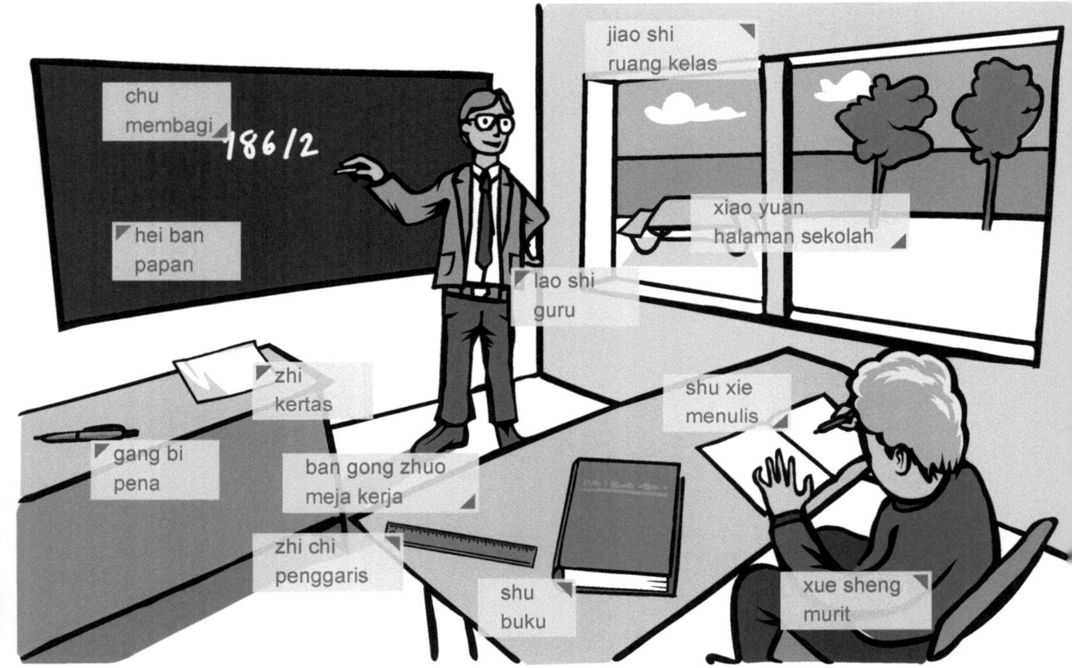
jiao shi
ruang kelas
chu
membagi
186/2
hei ban
papan
xiao yuan
halaman sekolah
lao shi
guru
zhi
kertas
shu xie
menulis
gang bi
pena
ban gong zhuo
meja kerja
zhi chi
penggaris
shu
buku
xue sheng
murit

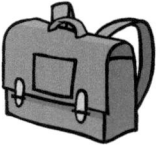

shu bao

tas sekolah

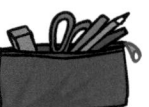

qian bi he

tempat pensil

qian bi

pensil

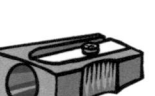

juan bi dao

pengasah pensil

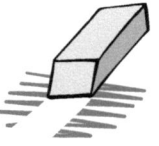

xiang pi ca

penghapus

hua ban

kertas gambar

tu hua

gambar

hua bi

kuas

yan liao he

kotak cat

jian dao

gunting

jiao shui

lem

lian xi ce

buku latihan

jia ting zuo ye

pekerjaan rumah

shu zi

angka

2+2

jia

tambhakan

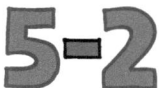

jian

mengurangi

cheng

mengalikan

ji suan

menghitung

A

zi mu

huruf

ABCDEFG
HIJKLMN
OPQRSTU
VWXYZ

zi mu biao

alfabet

zi

kata

ke wen

teks

du

membaca

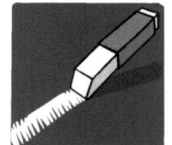

fen bi

kapur

shang ke

pelajaran

deng ji

daftar

kao shi

ujian

zheng shu

sertifikat

xiao fu

seragam sekolah

jiao yu

pendidikan

bai ke quan shu

ensiklopedi

da xue

universitas

xian wei jing

mikroskop

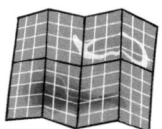

di tu

peta

fei zhi kuang

tempat sampah

xue xiao - sekolah

lü xing
perjalanan

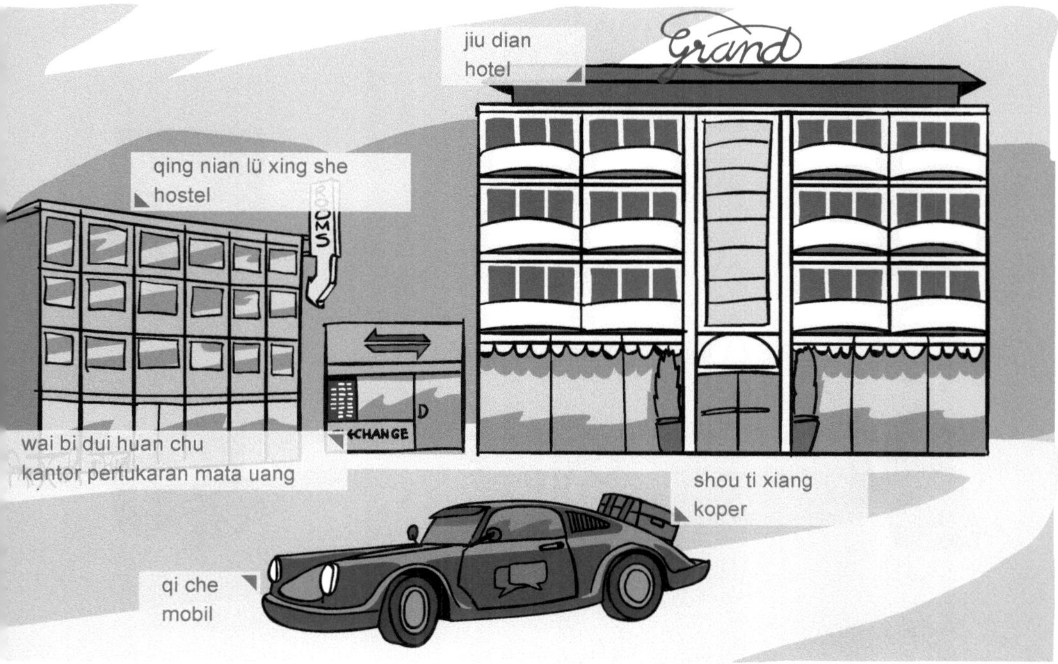

jiu dian
hotel
Grand
qing nian lü xing she
hostel
ROOMS
wai bi dui huan chu
kantor pertukaran mata uang
shou ti xiang
koper
qi che
mobil

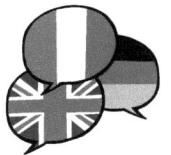

yu yan
bahasa

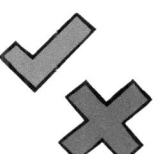

shi/fou
ya / tidak

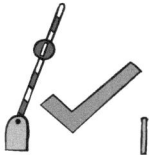

hao de
okay

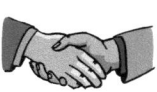

nin hao
hallo

fan yi yuan
penerjemah

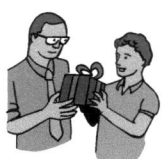

xie xie
terima kasih

......duo shao qian?

Berapa harganya...?

wo bu ming bai

saya tidak mengerti

wen ti

masalah

wan shang hao!

Selamat malam!

zao shang hao!

Selamat siang!

wan an!

Selamat tidur!

zai jian

sampai jumpa

fang xiang

arah

xing li

bagasi

bao

tas

shuang jian bao

ransel

ke ren

tamu

fang jian

ruang

shui dai

kantong tidur

zhang peng

tenda

lü you xin xi

informasi wisata

hai tan

pantai

xin yong ka

kartu kredit

zao can

sarapan

wu can

makan siang

wan can

makan malam

piao

tiket

dian ti

elevator

you piao

perangko

bian jie

perbatasan

hai guan

cukai

da shi guan

kedutaan

qian zheng

visa

hu zhao

paspor

jiao tong yun shu

transportasi

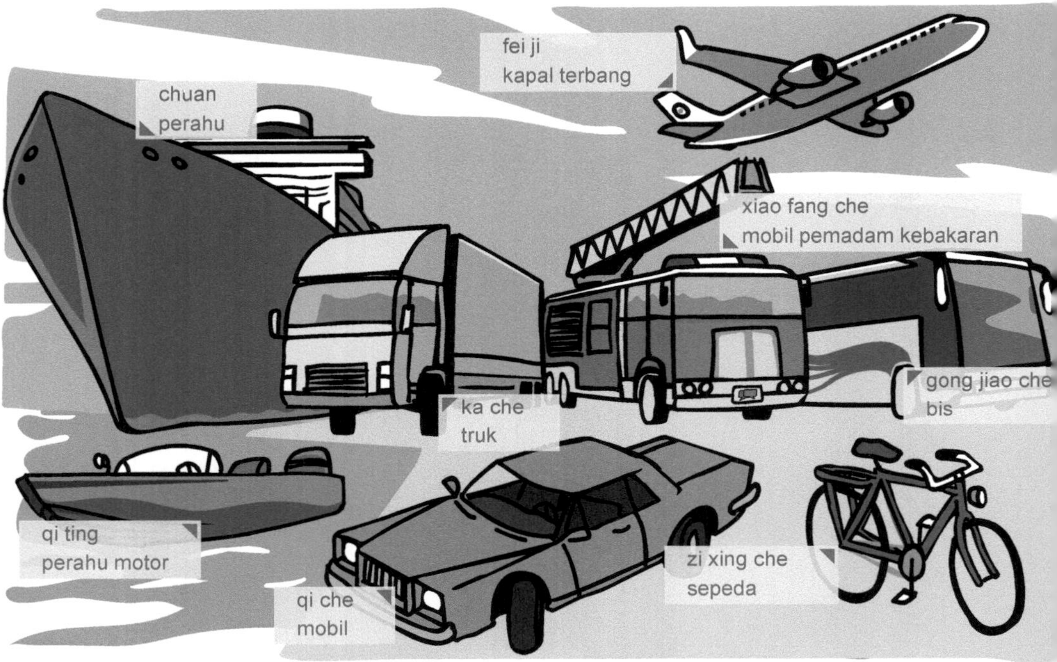

fei ji
kapal terbang
chuan
perahu
xiao fang che
mobil pemadam kebakaran
gong jiao che
bis
ka che
truk
qi ting
perahu motor
zi xing che
sepeda
qi che
mobil

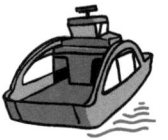

bai du chuan

feri

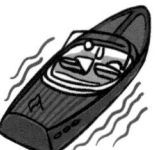

xiao chuan

perahu

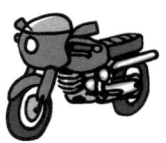

mo tuo che

sepeda motor

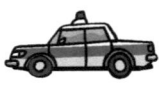

jing che

mobil polisi

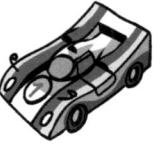

sai che

mobil balapan

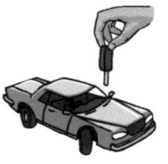

zu che

mobil sewa

pin che

berbagi mobil

tuo che

truk derek

la ji che

truk sampah

fa dong ji

motor

qi you

bahan bakar

jia you zhan

bensin

jiao tong biao zhi

tanda lalulintas

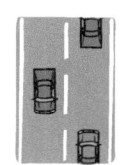

jiao tong

lalulintas

jiao tong du sai

macet

ting che chang

parkir mobil

huo che zhan

stasiun kereta

gui dao

trek

huo che

kereta api

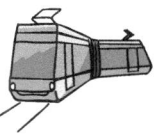

dian che

tram

huo che

gerobak

zhi sheng ji

helikopter

ji chang

bendara

ta

menara

cheng ke

penumpang

ji zhuang xiang

container

zhi ban xiang

karton

shou tui che

troli

lan zi

keranjang

qi fei/jiang luo

berangkat / mendarat

cheng shi

kota

cun zhuang

desa

shi zhong xin

pusat kota

fang zi

rumah

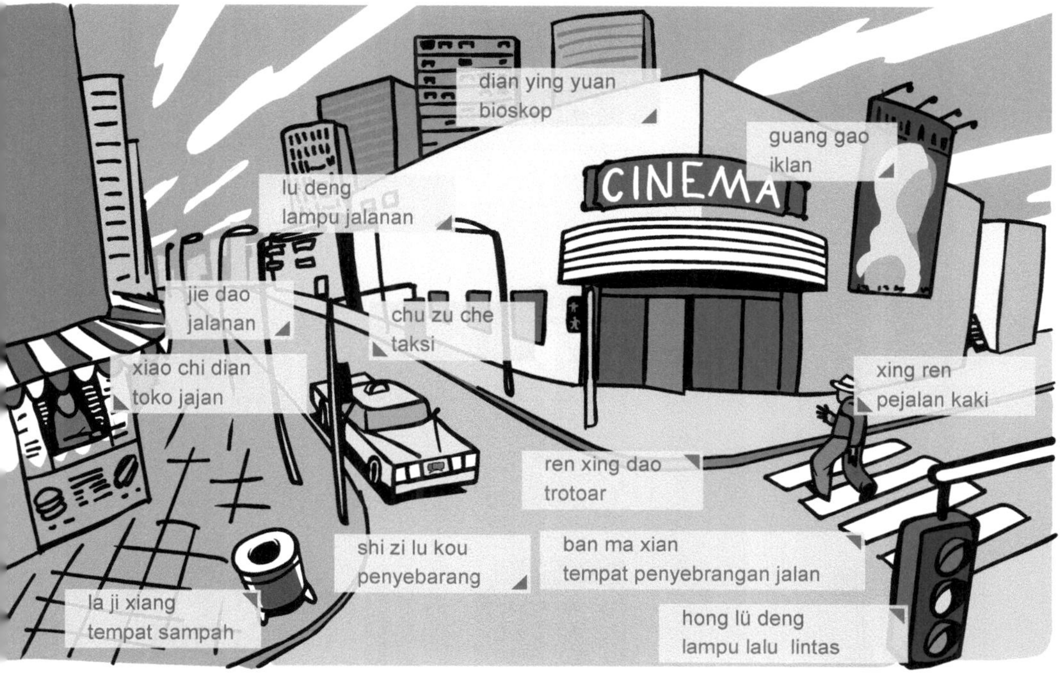

dian ying yuan
bioskop

guang gao
iklan

lu deng
lampu jalanan

CINEMA

jie dao
jalanan

chu zu che
taksi

xiao chi dian
toko jajan

xing ren
pejalan kaki

ren xing dao
trotoar

shi zi lu kou
penyebarang

ban ma xian
tempat penyebrangan jalan

la ji xiang
tempat sampah

hong lü deng
lampu lalu lintas

xiao wu

gubuk

gong yu

rumah flat

huo che zhan

stasiun kereta

shi zheng ting

balai kota

bo wu guan

museum

xue xiao

sekolah

da xue

universitas

yin hang

bank

yi yuan

rumah sakit

jiu dian

hotel

yao fang

farmasi

ban gong shi

kantor

shu dian

toko buku

shang dian

toko

hua dian

toko bunga

chao shi

supermarket

shi chang

pasar

bai huo shang dian

toko serba ada

yu dian

nelayan

gou wu zhong xin

pusat belanja

hai gang

pelabuhan

cheng shi - kota

gong yuan

taman

chang deng

banku

qiao

jembatan

lou ti

tangga

di tie

kereta bawah tanah

sui dao

terowongan

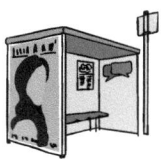

gong jiao che zhan

pemberhantian bis

jiu ba

bar

can guan

restauran

you tong

kotak surat

lu biao

tanda jalan

ting che ji shi qi

meteran parkir

dong wu yuan

kebun binatang

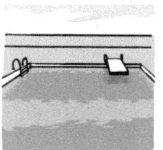

you yong guan

kolam renang

qing zhen si

mesjid

nong chang

pertanian

wu ran

polusi

mu di

kuburan

jiao tang

gereja

cao chang

tempat bermain

si miao

pura

di xing

pemandangan

shu ye
daun

zhi shi pai
penunjuk arah

lu
jalanan

cao di
padang rumput

shi tou
batu

shu
pohon

tu bu lü xing zhe
pejalak kaki

he
sungai

cao
rumput

hua
bunga

xia gu

lembah

shan

bukit

hu

danau

sen lin

hutan

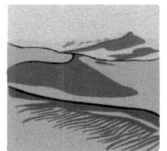

sha mo

padang gurun

huo shan

gunung berapi

cheng bao

istana

cai hong

pelangi

mo gu

jamur

zong lü shu

pohon palem

wen zi

nyamuk

cang ying

lalat

ma yi

semut

mi feng

lebah

zhi zhu

laba-laba

di xing - pemandangan

jia chong

kumbang

qing wa

kodok

song shu

tupai

ci wei

landak

ye tu

kelinci

mao tou ying

burung hantu

niao

burung

tian e

angsa

ye zhu

babi jantan

lu

rusa

mi lu

rusa

shui ba

bendungan

feng li fa dian ji

turbin angin

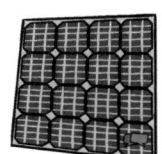

tai yang neng dian chi ban

panel surya

qi hou

iklim

fu wu yuan
pelayan

cai dan
daftar makanan

yi zi
kursi

tang
sup

pi sa bing
pizza

zhuo bu
taplak

can ju
peralatan makan

qian cai

hindangan pembuka

zhu cai

hidangan utama

tian dian

hidangan penutup

yin liao

minuman

shi wu

makanan

ping zi

botol

kuai can

fastfood

jie bian xiao chi

masakan jalanan

cha hu

teko teh

tang he

kaleng gula

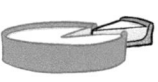

yi fen fan cai

porsi

yi shi ka fei ji

mesin espresso

gao jiao yi

kursi tinggi

zhang dan

tagihan

tuo pan

baki

dao

pisau

can cha

garpu

shao zi

sendok

cha chi

sendok teh

can jin

serbet

bo li bei

gelas

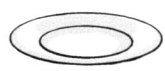

die zi

piring

tang pan

piring sup

die zi

lepek

jiang

saus

yan ping

tempat garam

hu jiao mo

gilingan merica

cu

cuka

shi yong you

minyak

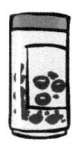

tiao wei liao

bumbu

fan qie jiang

saus tomat

jie mo

mustar

dan huang jiang

mayones

chao shi

supermarket

te jia
penawaran khusus
FOR
gu ke
klien
ru zhi pin
produk susu
shui guo
buah
gou wu che
troli

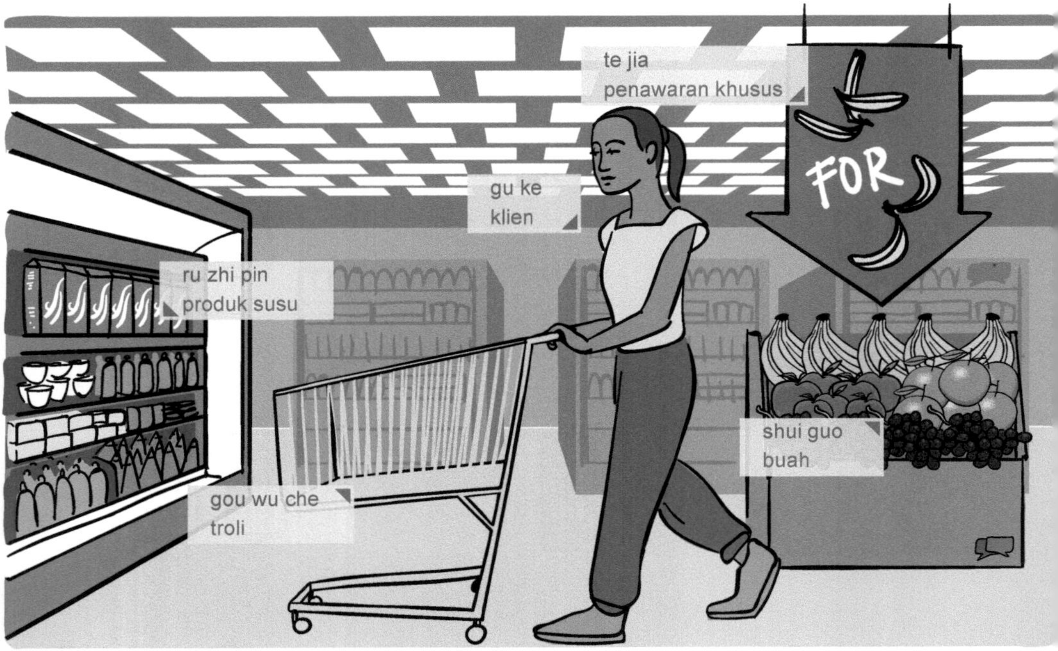

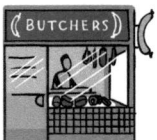

BUTCHERS

rou pu

pembantai

BAKERY

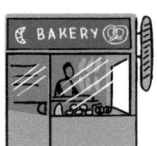

mian bao fang

toko roti

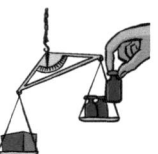

cheng zhong

menimbang

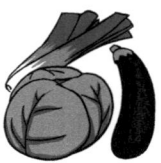

shu cai

sayur

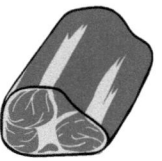

rou

daging

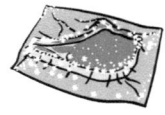

leng dong shi pin

makanan beku

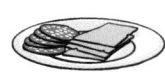

leng pan

pemotongan dingin

guan tou shi pin

makanan kaleng

xi yi fen

sabun serbuk

tian shi

permen

ri yong pin

alat-alat rumah tangga

qing jie yong pin

obat pembersihan

xiao shou yuan

penjual

shou yin ji

kasa

shou yin yuan

kasir

gou wu qing dan

daftar belanja

kai fang shi jian

jam buka

qian bao

dompet

xin yong ka

kartu kredit

dai zi

tas

su liao dai

kantong plastik

chao shi - supermarket

shui

air

guo zhi

jus

niu nai

susu

ke le

cola

hong jiu

anggur

pi jiu

bir

jiu

alkohol

ke ke

coklat

cha

teh

ka fei

kopi

yi shi nong suo ka fei

espresso

ka bu qi nuo

cappucino

xiang jiao

pisang

ping guo

apel

cheng zi

jeruk

xi gua

semangka

ning meng

jeruk lemon

hu luo bo

wortel

da suan

bawang putih

zhu zi

bambu

yang cong

bawang bombai

mo gu

jamur

jian guo

kacang

mian tiao

mi

yi da li mian tiao

spagetti

mi fan

nasi

sha la

salat

shu tiao

kentang goreng

zha tu dou

kentang goreng

pi sa bing

pizza

han bao bao

hamburger

san ming zhi

sandwich

zha zhu pai

sayatan

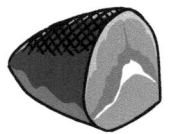

huo tui

ham

sa la mi

salami

xiang chang

sosis

ji rou

ayam

kao rou

menggoreng

yu

ikan

yan mai pian

bubur gandum

mu zi li

sereal

yu mi pian

cornflakes

mian fen

tepung

yang jiao mian bao

croissant

mian bao juan

roti

mian bao

roti

kao mian bao

toast

bing gan

biskuit

huang you

mentega

ning ru

dadih

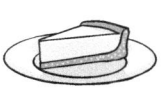

dan gao

kue

dan

telur

jian dan

telur goreng

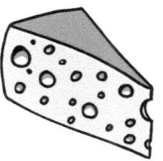

nai lao

keju

bing ji lin

eskrim

tang

gula

feng mi

madu

guo jiang

selai

qiao ke li jiang

krim nugat

ga li fan

kare

shi wu - makanan

nong chang
pertanian

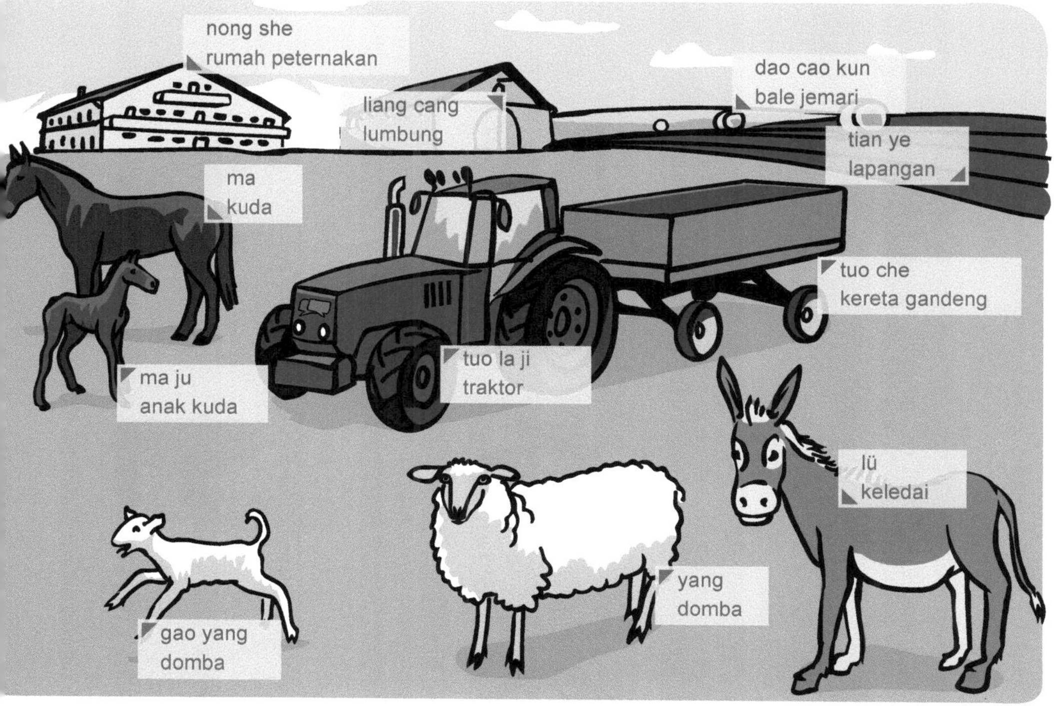
nong she
rumah peternakan
liang cang
lumbung
dao cao kun
bale jemari
tian ye
lapangan
ma
kuda
tuo che
kereta gandeng
tuo la ji
traktor
ma ju
anak kuda
lü
keledai
yang
domba
gao yang
domba

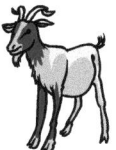

shan yang

kambing

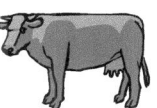

nai niu

sapi

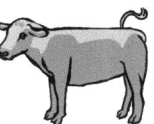

niu du

betis

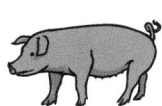

zhu

babi

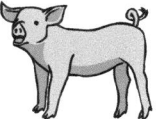

xiao zhu

celeng

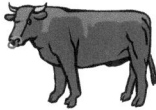

gong niu

banteng

e
angsa

ya
bebek

xiao ji
anak ayam

mu ji
ayam

gong ji
ayam jantan

shu
tikus

mao
kucing

lao shu
tikus

niu
lembu

gou
anjing

gou wu
rumah anjing

hua yuan jiao shui ruan guan
selang

sa shui hu
penyiram

chang bing da lian dao
sabit

li
bajak

nong chang - pertanian

lian dao

sabit

chu tou

cangkul

chang bing cao pa

garpu rumput

fu tou

kapak

du lun shou tui che

gerobak

si liao cao

palung

niu nai guan

kaleng susu

ma bu dai

karung

zha lan

pagar

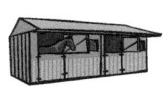

ma jiu

kandang

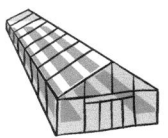

wen shi

rumah kaca

tu rang

tanah

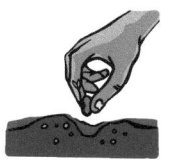

zhong zi

benih

fei liao

pupuk

lian he shou ge ji

mesin pemanen

shou ge

panen

shou ge

panen

shan yao

yams

xiao mai

gandum

da dou

kedelai

tu dou

kentang

yu mi

jagung

you cai zi

lobak

guo shu

pohon buah

shu shu

singkong

gu wu

sereal

fang zi
rumah

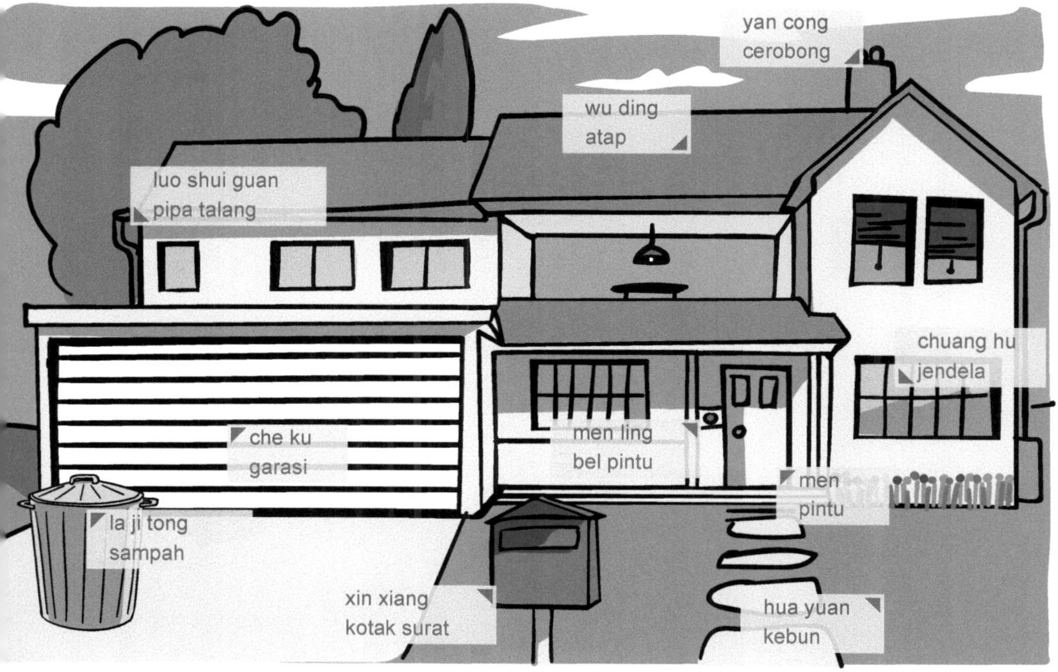

yan cong
cerobong
wu ding
atap
luo shui guan
pipa talang
chuang hu
jendela
che ku
garasi
men ling
bel pintu
men
pintu
la ji tong
sampah
xin xiang
kotak surat
hua yuan
kebun

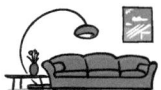

ke ting

ruang tamu

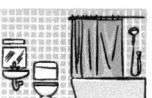

yu shi

kamar mandi

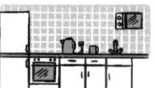

chu fang

dapur

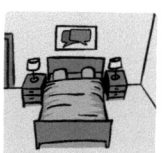

wo shi

kamar tidur

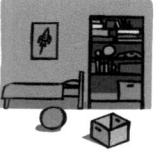

er tong fang

kamar anak

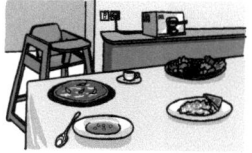

can ting

kamar makan

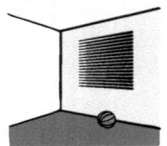

di ban

lantai

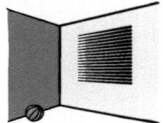

qiang bi

tembok

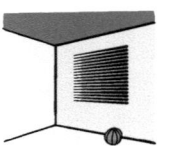

diao ding

atap

di jiao

gudang di bawah tanah

sang na

sauna

yang tai

balkon

lu tai

teras

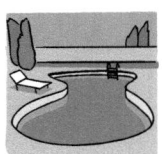

you yong chi

kolam renang

ge cao ji

mesin pemotong rumput

bei dan

sprei

chuang zhao

selimut

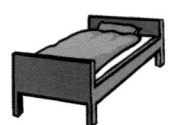

chuang

tempat tidur

sao zhou

sapu

shui tong

ember

kai guan

tombol

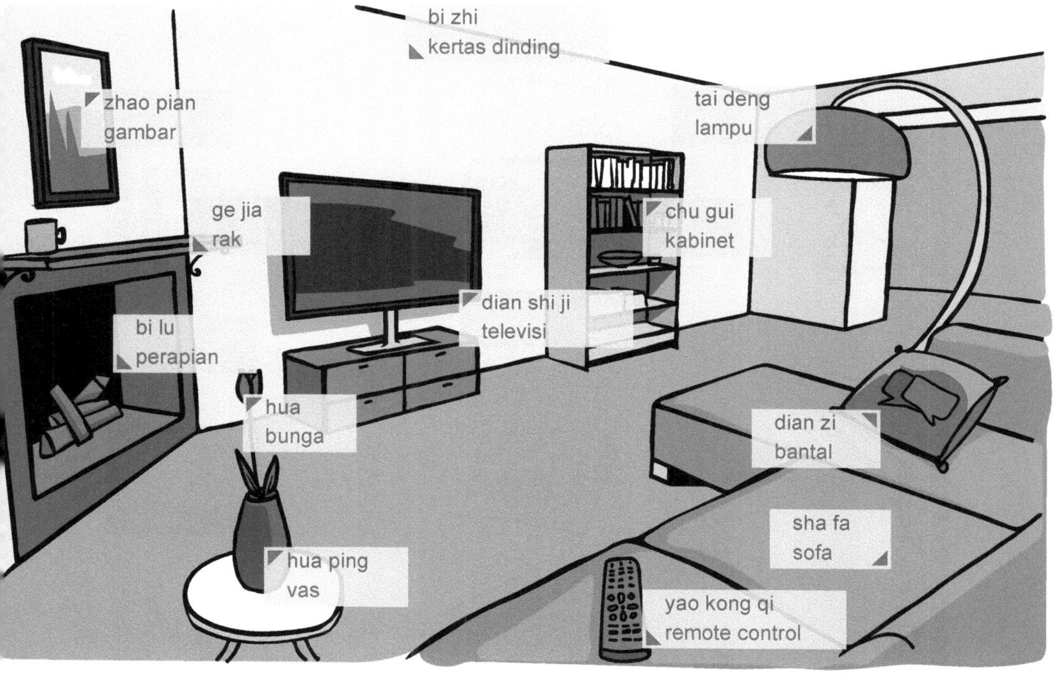

bi zhi
kertas dinding

zhao pian
gambar

tai deng
lampu

ge jia
rak

chu gui
kabinet

bi lu
perapian

dian shi ji
televisi

hua
bunga

dian zi
bantal

sha fa
sofa

hua ping
vas

yao kong qi
remote control

di tan
karpet

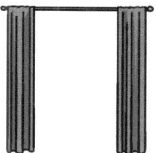

chuang lian
korden

can zhuo
meja

yi zi
kursi

yao yi
kursi goyang

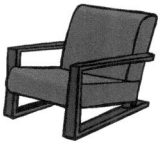

fu shou yi
kursi malas

shu

buku

tan zi

selimut

zhuang shi pin

dekorasi

mu chai

kayu bakar

dian ying

filem

gao bao zhen yin xiang

hi-fi

yao shi

kunci

bao zhi

koran

you hua

lukisan

hai bao

poster

shou yin ji

radio

bi ji ben

buku tulis

xi chen qi

penyedot debu

xian ren zhang

kaktus

la zhu

lilin

chu fang
dapur

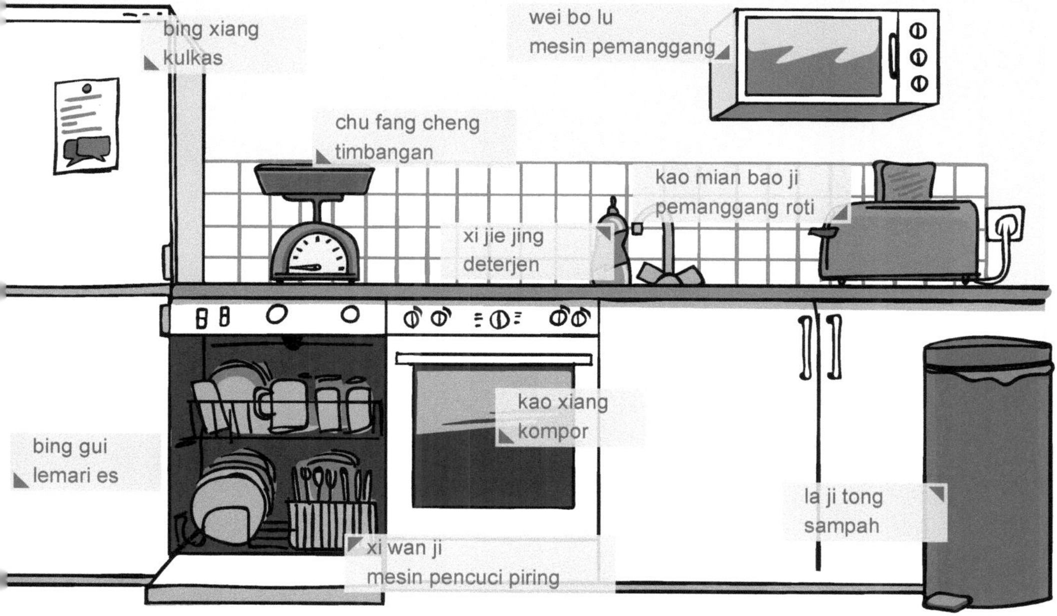

bing xiang
kulkas
wei bo lu
mesin pemanggang
chu fang cheng
timbangan
kao mian bao ji
pemanggang roti
xi jie jing
deterjen
kao xiang
kompor
bing gui
lemari es
la ji tong
sampah
xi wan ji
mesin pencuci piring

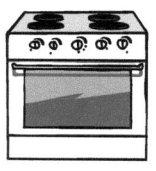

chui ju

kompor

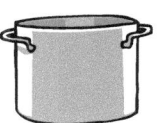

guo

panci

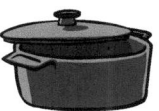

zhu tie guo

panci besi

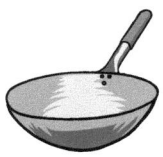

sha guo

wajan

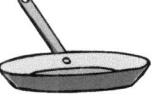

ping di guo

panci

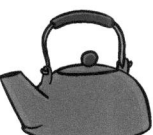

shui hu

pemanas air

zheng guo

panci pengukus makanan

kao pan

nampan

tao ci guo

piring

ma ke bei

cangkir

wan

mangkok

kuai zi

sumpit

chang bing shao

sendok sup

chan zi

sudip

jiao ban qi

mengocok

lü wang

saringan

shai zi

saringan

mo sui ji

parutan

yan bo

mortir

shao kao

barbeque

ming huo

api terbuka

cai ban

papan memotong

gan mian zhang

gilingan

kai ping qi

alat pembuka botol

guan zi

kaleng

kai ping qi

pembuka kaleng

ge re shou tao

pegangan panci

shui cao

wastafel

shua zi

sikat

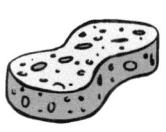

hai mian

busa

jiao ban ji

mesin pencampur

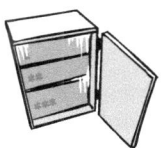

leng cang xiang

lemari es

nai ping

botol bayi

shui long tou

keran

yu shi
kamar mandi

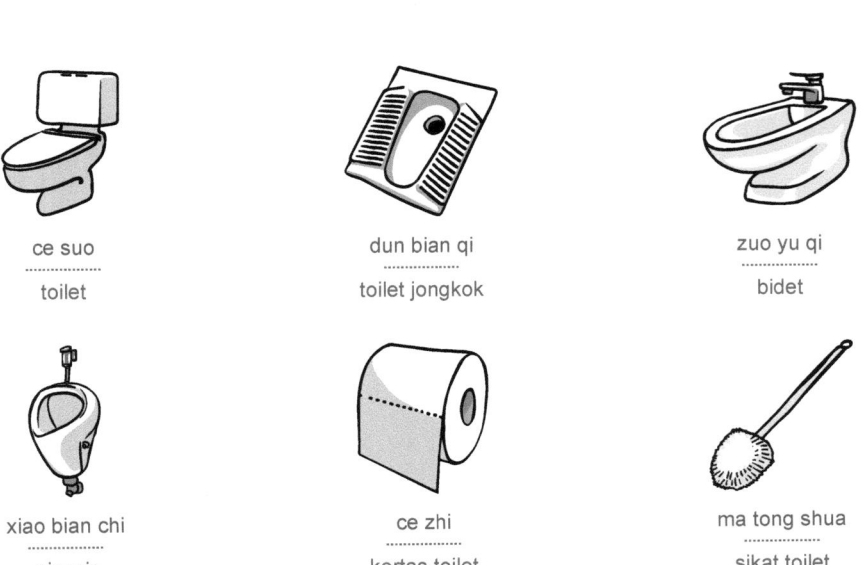

gong nuan she bei
mesin pemanas
mao jin
handuk
lin yu
mandi
yu lian
tirai kamar mandi
pao mo yu
mandi busa
yu gang
bak mandi
bo li bei
gelas
xi yi ji
mesin cuci
shui long tou
keran
ci zhuan
ubin
bian hu
pispot
shui cao
wastafel

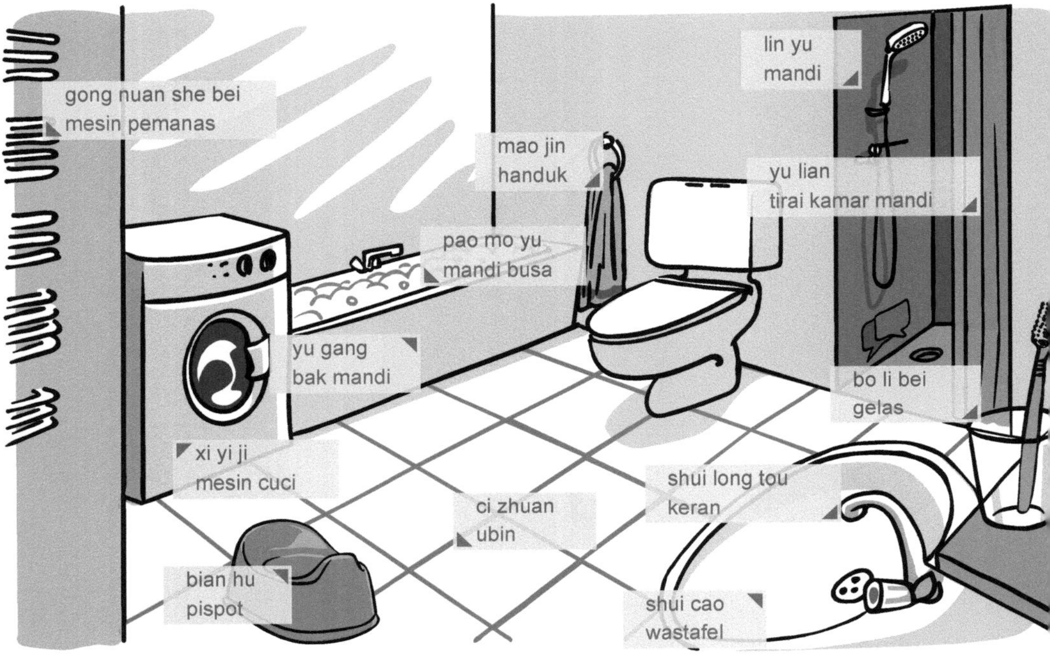

ce suo

toilet

dun bian qi

toilet jongkok

zuo yu qi

bidet

xiao bian chi

pissoir

ce zhi

kertas toilet

ma tong shua

sikat toilet

ya shua

sikat gigi

ya gao

pasta gigi

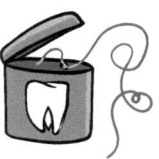

ya xian

benang gigi

xi

menyuci

shou chi shi pen lin tou

pancuran tangan

chong xi qi

pancuran

xi lian pen

bak

ca bei shua

sikat punggung

fei zao

sabun

mu yu lu

gel mandi

xi fa shui

sampo

fa lan rong

planel

pai shui

kuras

ru shuang

krim

chu chou ji

deodoran

jing zi

kaca

shou jing

cermin tangan

ti xu dao

pisau cukur

ti xu pao mo

busa cukur

xu hou shui

aftershave

shu zi

sisir

shua zi

sikat

chui feng ji

alat pengering rambut

pen fa ding xing ji

semprot rambut

hua zhuang pin

makeup

chun gao

lipstik

zhi jia you

cat kuku

hua zhuang mian

kapas

zhi jia jian

gunting kuku

xiang shui

minyak wangi

yu shi - kamar mandi

xi shu bao

kantong pencuci

deng zi

bangku

ji zhong cheng

timbangan

yu pao

mantel mandi

xiang jiao shou tao

sarung tangan karet

wei sheng mian tiao

tampon

wei sheng jin

handuk pembalut

hua xue ce suo

toilet kimia

er tong fang
kamar anak

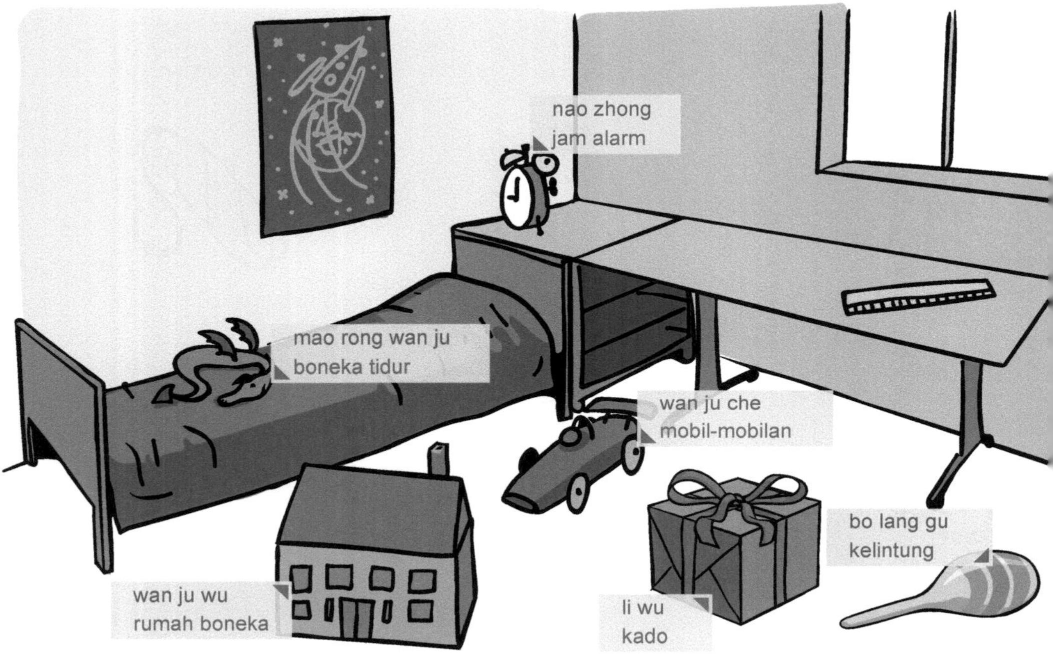

nao zhong
jam alarm
mao rong wan ju
boneka tidur
wan ju che
mobil-mobilan
bo lang gu
kelintung
wan ju wu
rumah boneka
li wu
kado

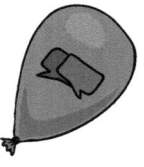

qi qiu

balon

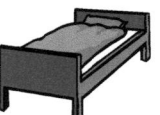

chuang

tempat tidur

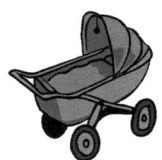

(yang wa wa yong)ying er che

kereta bayi

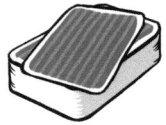

pu ke pai

mainan kartu

pin tu

teka-teki

SUPER MEGA

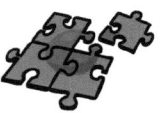

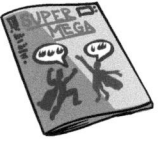

man hua

komik

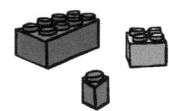

le gao ji mu

mainan lego

ji mu wan ju

blok mainan

wan ju ren

figur aksi

ying er fu

baju monyet

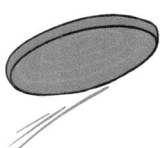

fei pan

frisbee

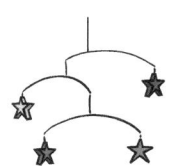

chuang ling wan ju

mobile

qi pan you xi

permainan papan

shai zi

dadu

huo che mo xing

set model kreta api

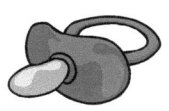

an fu nai zui

dot

ju hui

pesta

hui ben

buku gambar

qiu

bola

yang wa wa

boneka

wan

bermain

sha keng

tempat main pasir

qiu qian

ayunan

wan ju

mainan

you xi ji

video game konsol

san lun che

sepeda roda tiga

tai di xiong

teddy

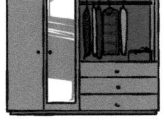

yi chu

lemari pakaian

yi fu

pakaian

wa zi

kaos kaki

chang wa

kaos kaki

jin shen ku

baju ketat

wei jin
syal

yu san
payung

T xu
kaos

pi dai
sabuk

yun dong xie
sepatu

xue zi
sepatu bot

tuo xie
sandal

liang xie
sandal

xie
sepatu

yu xue
sepatu bot karet

nei ku
celana dalam

xiong zhao
BH

bei xin
baju rompi

yi fu - pakaian

shen ti
body

ku zi
celana

niu zai ku
jeans

duan qun
rok

nü shi chen shan
blus

chen shan
kemeja

tao tou shan
aket berkerudung

wei yi
sweater

xi zhuang jia ke
jaket

jia ke
jaket

wai tao
mantel

yu yi
jas hujan

tao zhuang
kostum

lian yi qun
gaun

hun sha
gaun pengantin

xi zhuang

setelan resmi

shui pao

gaun tidur

shui yi

piyama

sha li

sari

tou jin

jilbab

bao tou jin

turban

bo ka

burka

ka fu tan

kaftan

(a la bo shi)chang pao

abaya

yong yi

pakaian renang

nan shi yong ku

celana renang

duan ku

celana pendek

yun dong fu

olah raga

wei qun

celemek

shou tao

sarung tangan

niu kou

kancing

yan jing

kacamata

shou lian

gelang

xiang lian

kalung

jie zhi

cincin

er huan

anting

bian mao

topi

yi jia

gantungan mantel

mao zi

topi

ling dai

dasi

la lian

ritsleting

tou kui

helm

bei dai

tali selempang

xiao fu

seragam sekolah

zhi fu

seragam

yi fu - pakaian

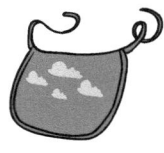

wei dou

oto

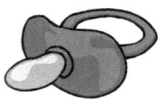

an fu nai zui

dot

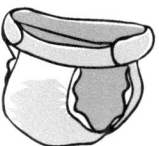

niao bu shi

popok

ban gong shi

kantor

fu wu qi
server
wen jian gui
lemari arsip
da yin ji
pencetak
zhi
kertas
xian shi ping
layar
shu biao
mouse komputer
ban gong zhuo
meja kerja
wen jian jia
tempat pengarsipan
jian pan
papan tombol
fei zhi kuang
tempat sampah
dian nao
computer
yi zi
kursi

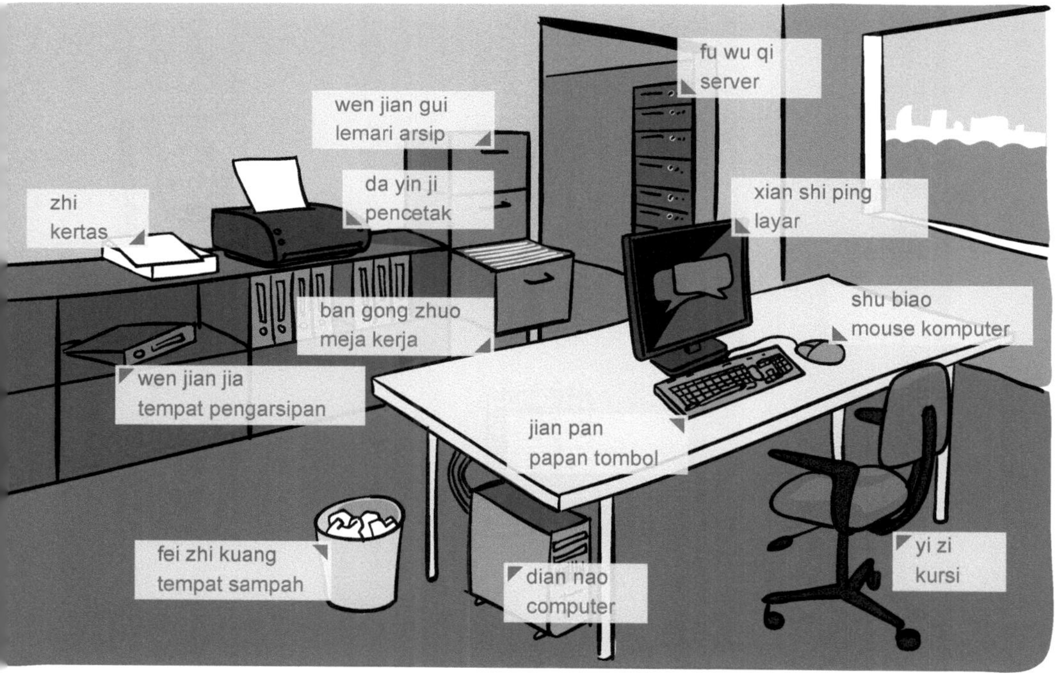

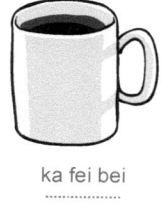

ka fei bei

cangkir kopi

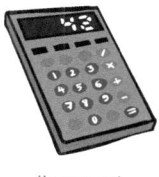

ji suan qi

kalkulator

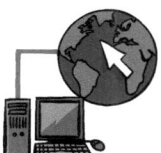

yin te wang

internet

bi ji ben dian nao

laptop

xin jian

surat

xiao xi

pesan

shou ji

telepon seluler

wang luo

jaringan

fu yin ji

fotokopi

ruan jian

software

dian hua

telepon

cha zuo

plug soket

chuan zhen ji

mesin fax

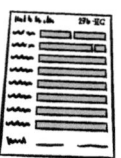

biao ge

formulir

wen jian

dokumen

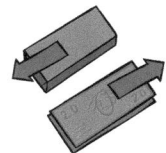

mai
....
membeli

fu qian
....
membayar

jiao yi
....
berdagang

xian jin
....
uang

mei yuan
....
Dollar

ou yuan
....
Euro

ri yuan
....
Yen

lu bu
....
Rubel

rui shi fa lang
....
Franc Swiss

ren min bi
....
Renminbi Yuan

lu bi
....
Rupiah

ti kuan chu
....
ATM

wai bi dui huan chu

kantor pertukaran mata uang

jin

emas

yin

perak

shi you

minyak

neng yuan

energi

jia ge

harga

he tong

kontrak

shui jin

pajak

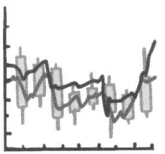

gu piao

saham

gong zuo

bekerja

zhi yuan

karyawan

lao ban

majikan

gong chang

pabrik

shang dian

toko

zhi ye
pekerjaan

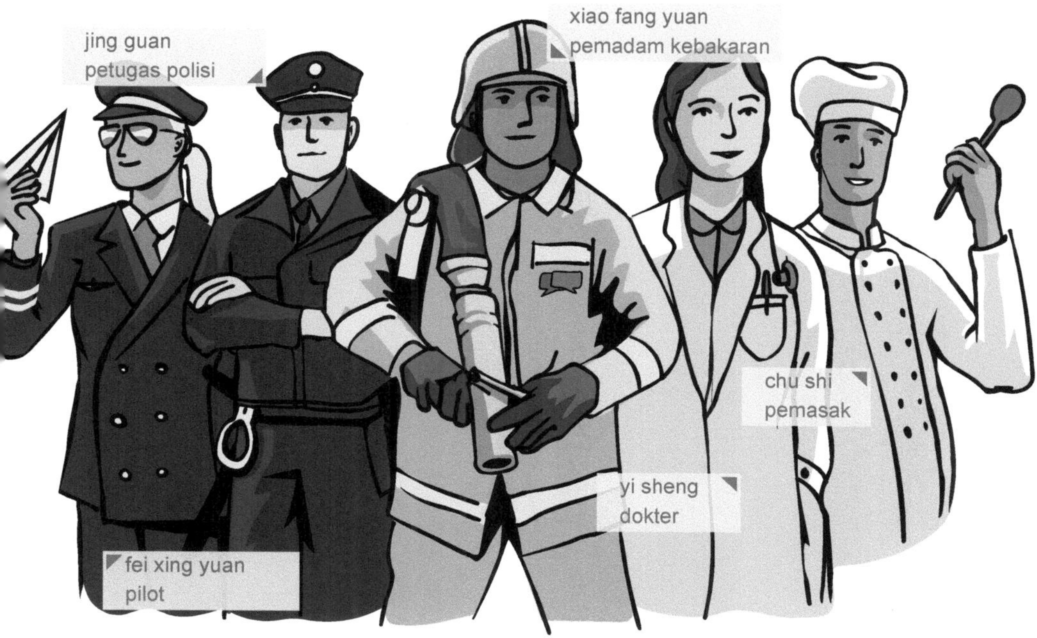
jing guan
petugas polisi
xiao fang yuan
pemadam kebakaran
chu shi
pemasak
yi sheng
dokter
fei xing yuan
pilot

yuan ding

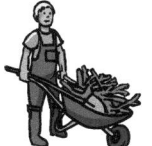

tukan kebun

mu jiang

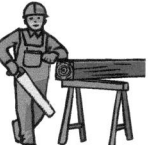

tukang kayu

cai feng

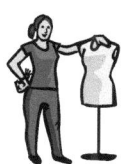

penjahit wanita

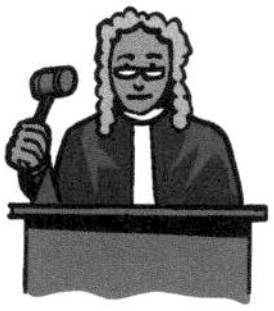

fa guan

hakim

hua xue jia

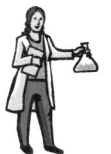

ahli kimia

yan yuan

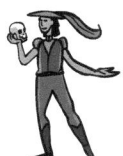

aktor

gong jiao che si ji

sopir bis

chu zu che si ji

sopir taksi

yu fu

nelayan

qing jie nü gong

pembantu

wu ding gong

tukang atap

fu wu yuan

pelayan

lie ren

pemburu

hua jia

pelukis

mian bao shi

tukang roti

dian gong

tukang listrik

jian zhu gong ren

pembangun

gong cheng shi

insinyur

tu fu

tukang daging

shui guan gong

tukang ledeng

you di yuan

tukang pos

zhi ye - pekerjaan

shi bing

tentara

jian zhu shi

arsitek

shou yin yuan

kasir

hua nong

penjual bunga

li fa shi

penata rambut

shou piao yuan

konduktor

ji xie shi

montir

chuan zhang

kapten

ya yi

dokter gigi

ke xue jia

ilmuwan

la bi

rabbi

yi ma mu

imam

he shang

biarawan

mu shi

pendeta

zhi ye - pekerjaan

gong ju
alat

tie chui
palu
qian zi
tang
luo si dao
obeng
ban shou
kunci
shou dian tong
obor

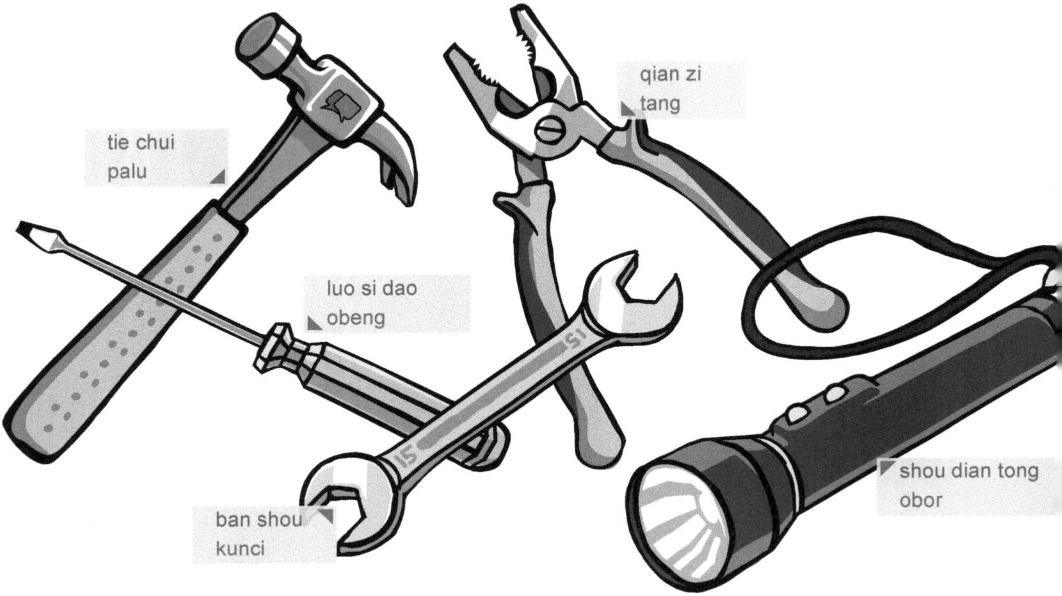

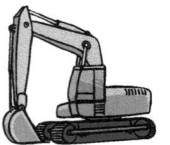

wa jue ji

penggali

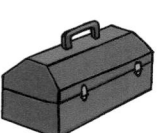

gong ju xiang

tas perkakas

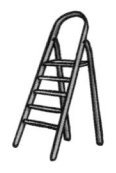

ti zi

tangga

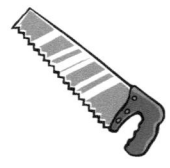

ju zi

gergaji

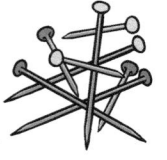

ding zi

paku

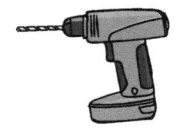

zuan ji

bor

xiu

perbaikan

chan zi

sekop

kao!

Sialan!

bo ji

cikrak

you qi tong

pot cat

luo si

sekrup

yue qi
alat musik

da ji yue qi
alat drum

yang sheng qi
pengeras suara

ji ta
gitar

di yin ti qin
bas

xiao hao
trompet

gang qin

piano

xiao ti qin

violin

bei si

bass

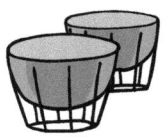

ding yin gu

tambur

gu

drum

dian zi qin

keyboard

sa ke si guan

saksofon

chang di

suling

mai ke feng

mikrofon

yue qi - alat musik

dong wu yuan

kebun binatang

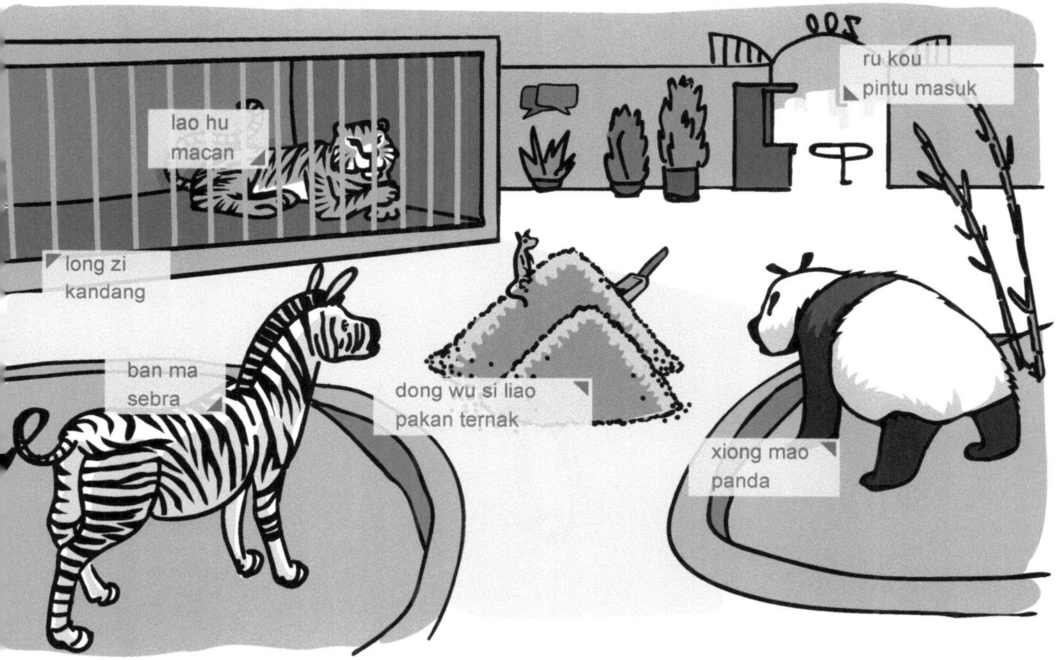

ZOO
ru kou
pintu masuk
lao hu
macan
long zi
kandang
ban ma
sebra
dong wu si liao
pakan ternak
xiong mao
panda

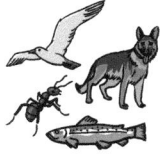

dong wu

hewan

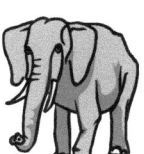

da xiang

gajah

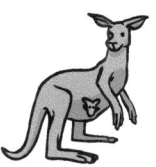

dai shu

kanguru

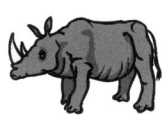

xi niu

badak

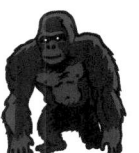

da xing xing

gorila

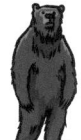

xiong

beruang

luo tuo

unta

tuo niao

burung unta

shi zi

singa

hou zi

monyet

huo lie niao

flamingo

ying wu

burung beo

bei ji xiong

beruang polar

qi e

penguin

sha yu

hiu

kong que

merak

she

ular

e yu

buaya

dong wu yuan guan li yuan

penjaga kebun binatang

hai bao

segel

mei zhou bao

jaguar

ai zhong ma

kuda poni

bao

macan tutul

he ma

kuda nil

chang jing lu

jerapah

lao ying

burung elang

ye zhu

babi jantan

yu

ikan

gui

kura-kura

hai xiang

anjing laut

hu li

rubah

ling yang

kijang

gan lan qiu
american football

qi zi xing che
naik sepeda

wang qiu
tennis

lan qiu
basketbal

you yong
bernang

quan ji
tinju

bing qiu
hoki es

ying shi zu qiu

sepak bola

yu mao qiu

badminton

tian jing

atletik

shou qiu

bola tangan

hua xue

main ski

ma qiu

polo

tiao
meloncat

yong bao
memeluk

xiao
ketawa

zou lu
berjalan

chang
menyanyi

zuo meng
mengimpi

qi dao
berdoa

qin wen
mencium

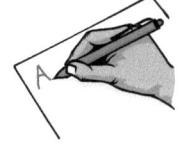

shu xie

menulis

hua

melukis

zhan shi

menunjuk

tui

mendorong

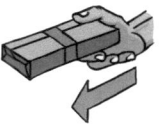

gei

memberikan

na

mengambil

you

mempunyai

zuo

melakukan

dang

adalah

zhan

berdiri

pao

berlari

la

menarik

reng

melempar

shuai dao

jatuh

tang

tidur

deng dai

menunggu

xie dai

membawa

zuo

duduk

chuan yi

berpakaian

shui jiao

tidur

xing lai

bangun

kan

melihat

ku

menangis

fu mo

mengelus

shu tou

menyisir

jiao tan

berbicara

ming bai

mengerti

wen

menanyak

ting

mendengar

he

minum

chi

makan

qing li

merapikan

ai

cinta

zuo fan

memasak

kai che

menyetir

fei

terbang

huo dong - aktivitas

hang xing

berlayar

ji suan

menghitung

du

membaca

xue xi

belajar

gong zuo

bekerja

jie hun

menikah

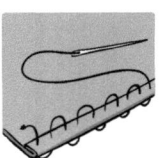

feng

menjahit

shua ya

sikat gigi

sha

membunuh

chou yan

merokok

ji

kirim

jia
keluarga

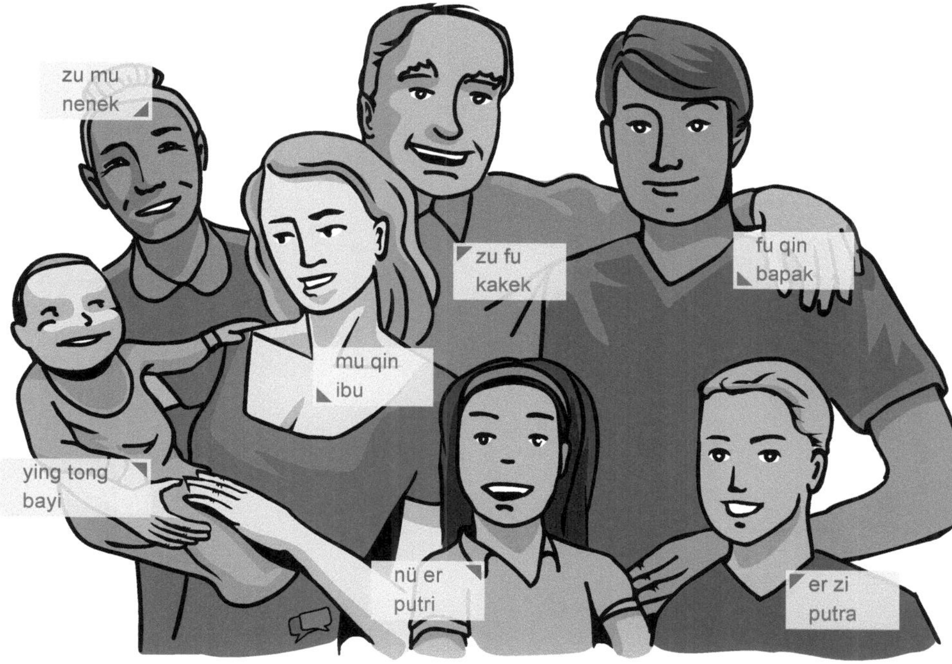

zu mu
nenek
zu fu
kakek
fu qin
bapak
mu qin
ibu
ying tong
bayi
nü er
putri
er zi
putra

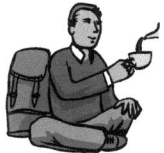

ke ren

tamu

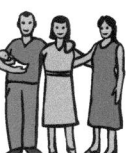

a yi

bibi

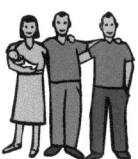

shu shu

paman

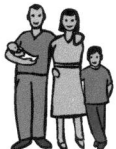

xiong di

kakak laki

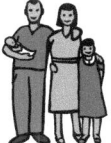

jie mei

kakak perempuan

shen ti

badan

qian e
dahi
yan jing
mata
jian bang
bahu
shou zhi
jari
lian
muka
xia ba
dagu
shou
tangan
tui
kaki
ru fang
payudara
shou bi
lengan

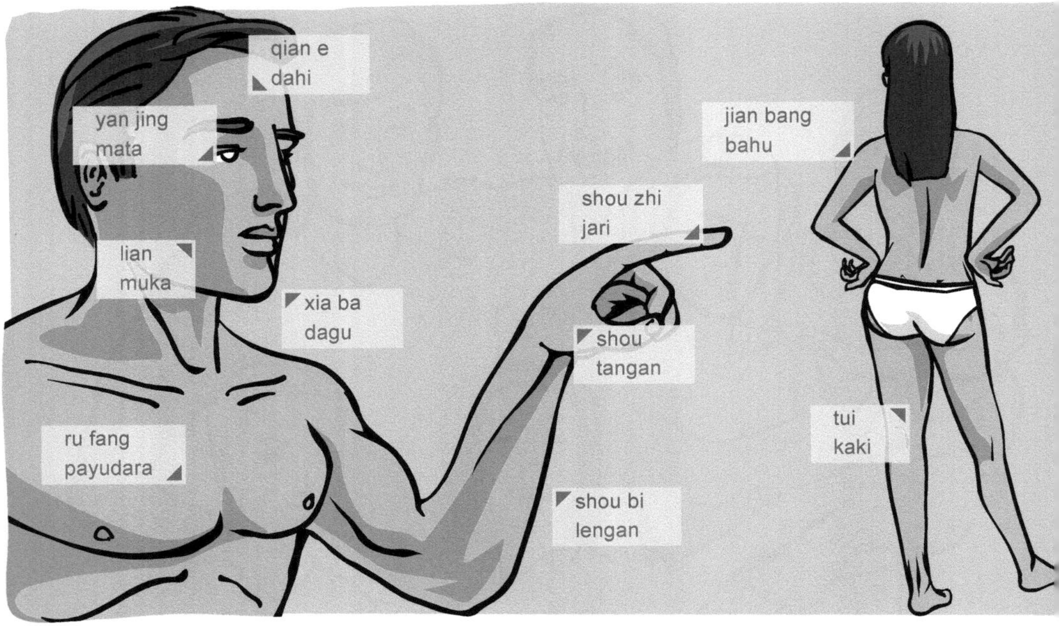

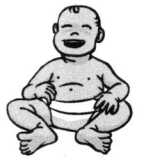

ying tong

bayi

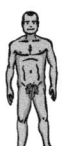

nan ren

pria

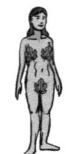

nü ren

wanita

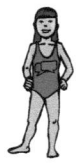

nü hai

perempuan

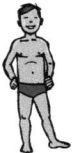

nan hai

laki

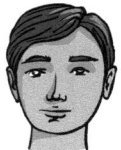

tou

kepala

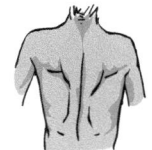

bei bu

punggung

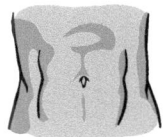

du zi

perut

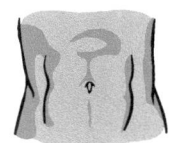

du qi

pusar

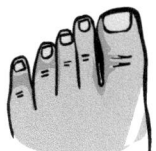

jiao zhi

toe

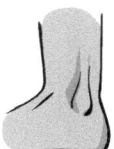

jiao hou gen

tumit

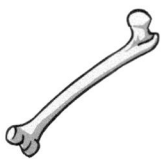

gu tou

tulang

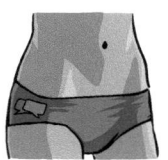

tun bu

pinggang

xi gai

lutut

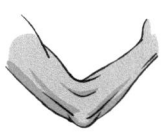

shou zhou

siku

bi zi

hidung

pi gu

pantat

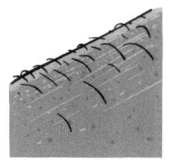

pi fu

kulit

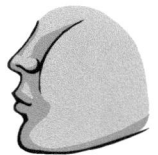

lian jia

pipi

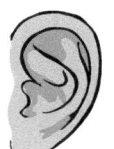

er duo

telinga

zui chun

bibir

zui
mulut

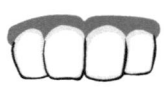

ya chi
gigi

she tou
lidah

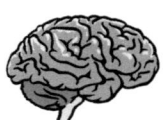

nao
otak

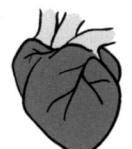

xin zang
jantung

ji rou
otot

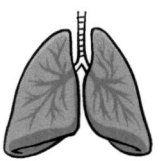

fei
paru-paru

gan zang
hati

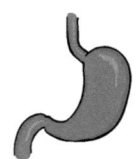

wei
stomach

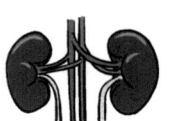

shen zang
ginjal

xing jiao
hubungan seks

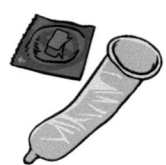

bi yun tao
kondom

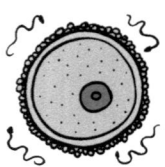

luan zi
sel telur

jing zi
sperma

huai yun
kehamilan

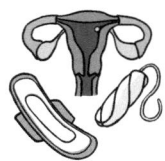

yue jing

menstruasi

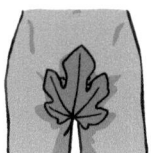

yin dao

vagina

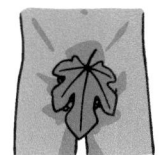

yin jing

penis

mei mao

alis

tou fa

rambut

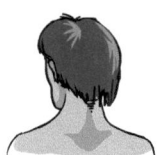

bo zi

leher

yi yuan
rumah sakit

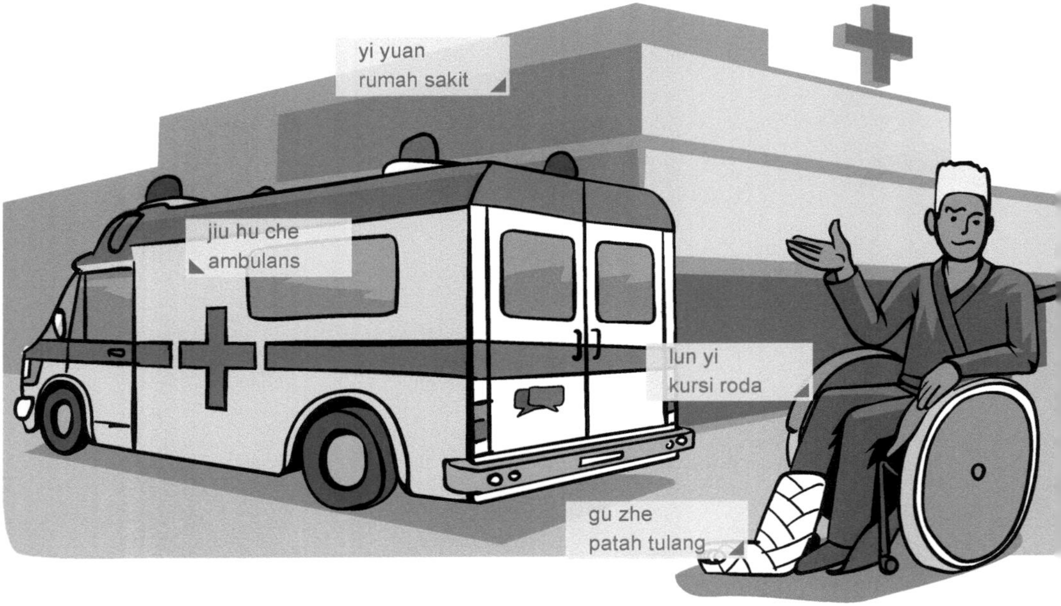

yi yuan
rumah sakit
jiu hu che
ambulans
lun yi
kursi roda
gu zhe
patah tulang

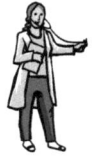

yi sheng

dokter

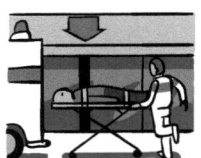

ji zhen shi

ruang darurat

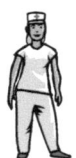

hu shi

perawat

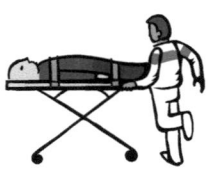

jin ji qing kuang

darurat

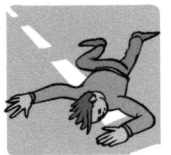

hun mi

semaput

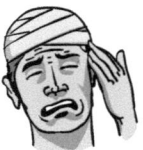

tong

sakit

shou shang

cedera

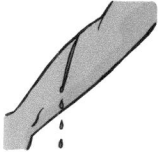

chu xue

perdarahan

xin zang bing fa zuo

serangan jantung

zhong feng

stroke

guo min

alergi

ke sou

batuk

fa shao

demam

liu gan

flu

fu xie

diare

tou tong

sakit kepala

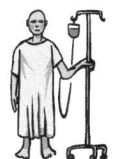

ai zheng

kanker

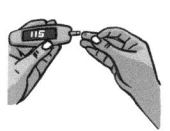

tang niao bing

diabetes

wai ke yi sheng

ahli bedah

shou shu dao

pisau bedah

shou shu

operasi

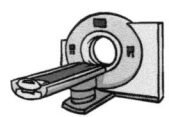

CT

CT

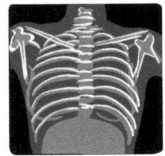

X guang

sinar x

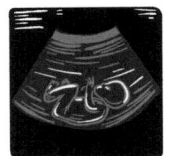

chao sheng bo

usg

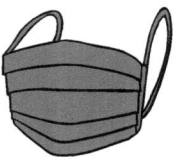

kou zhao

topeng

ji bing

penyakit

hou zhen shi

ruang tunggu

guai zhang

penyokong

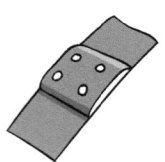

shi gao

plester

beng dai

perban

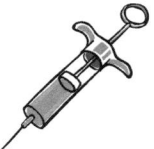

zhu she

injeksi

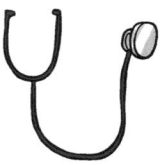

ting zhen qi

stetoskop

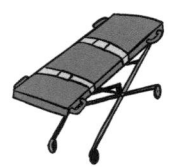

dan jia

usungan

ti wen ji

termometer klinis

chu sheng

kelahiran

chao zhong

kelebihan berat badan

zhu ting qi

alat pendengar

xiao du ye

desinfektan

gan ran

infeksi

bing du

virus

ai zi bing

HIV / AIDS

yao wu

obat

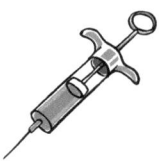

jie zhong yi miao

vaksinasi

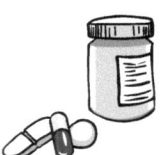

yao pian

tablet

yao wan

pil

ji jiu dian hua

panggilan darurat

xue ya ji

ukur tekanan darah

sheng bing/jian kang

sakit / sehat

jiu ming!

Tolong!

jing bao

alarm

tu ji

penyerbuan

gong ji

serangan

wei xian

bahaya

jin ji chu kou

pintu darurat

zhao huo la!

Api!

mie huo qi

alat pemadam kebakaran

yi wai

kecelakaan

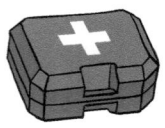

ji jiu xiang

kit pertolongan pertama

hu jiu xin hao

SOS

jing cha

polisi

ou zhou

Eropa

bei mei zhou

Amerika Utara

nan mei zhou

Amerika Selatan

fei zhou

Afrika

ya zhou

Asia

ao zhou

Australi

da xi yang

Atlantik

tai ping yang

Pasifik

yin du yang

Samudra India

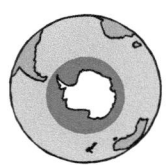

nan bing yang

Samudra Antartika

bei bing yang

Samudra Arktik

bei ji

kutub utara

nan ji

kutub selatan

nan ji zhou

Antarktika

di qiu

bumi

lu di

tanah

hai

laut

dao

pulau

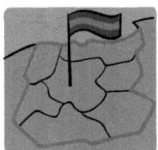

guo jia

bangsa

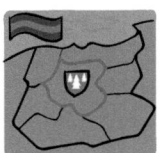

guo jia

negara

zhong mian

jam wajah

shi zhen

jarum pendek

fen zhen

jarum menit

miao zhen

jarum detik

xian zai ji dian?

Jam berapa?

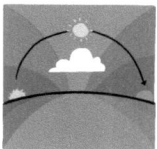

tian

hari

shi jian

waktu

xian zai

sekarang

dian zi biao

jam digital

fen

menit

shi

jam

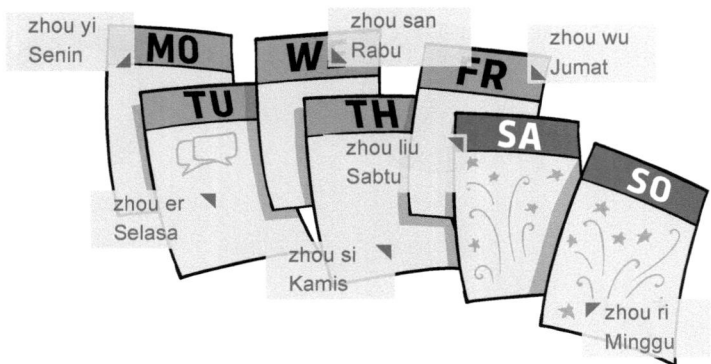

zhou yi
Senin

zhou san
Rabu

zhou wu
Jumat

zhou er
Selasa

zhou liu
Sabtu

zhou si
Kamis

zhou ri
Minggu

zuo tian

kemaren

jin tian

hari ini

ming tian

besok

zao chen

pagi

zhong wu

siang

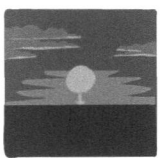

wan shang

malam

gong zuo ri

hari kerja

zhou mo

akhir minggu

nian
tahun

yu
hujan
cai hong
pelangi
feng
angin
xue
salju
chun
musim semi
qiu
musim gugur
xia
musim panas
dong
musim dingin

4.APRIL 11°
5.APRIL 4°
6.APRIL 13°
7.APRIL 8°
8.APRIL 10°

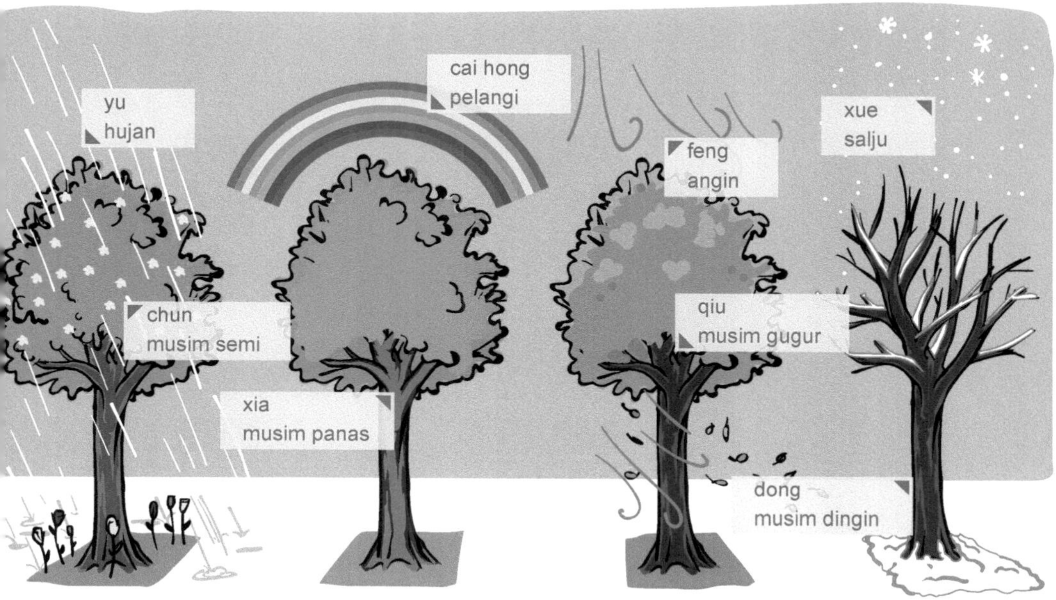

tian qi yu bao

ramalan cuaca

F C
120 40
30
90
20
60
10
30
0
0
-10
-30
-20

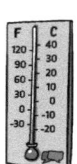

wen du ji

termometer

yang guang

matahari

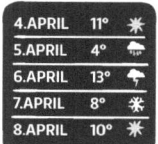

yun

awan

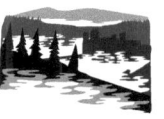

wu

kabut

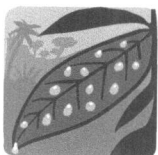

chao shi

kelembahan

shan dian

kilat

da lei

guntur

feng bao

badai

bing bao

hujan es

ji feng

monsun

hong shui

banjir

bing

es

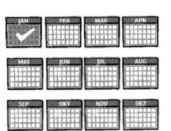

yi yue

Januari

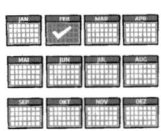

er yue

Februari

san yue

Maret

si yue

April

wu yue

Mei

liu yue

Juni

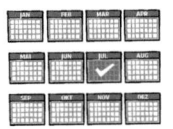

qi yue

Juli

ba yue

Agustus

nian - tahun

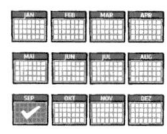

jiu yue

September

shi yue

Oktober

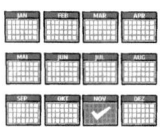

shi yi yue

November

shi er yue

Desember

xing zhuang
bentuk

yuan xing

lingkaran

zheng fang xing

persegi

chang fang xing

persegi panjang

san jiao xing

segi tiga

qiu ti

bola

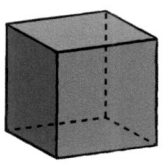

li fang ti

kubus

yan se

warna-warna

bai

putih

huang

kuning

cheng

oranye

fen

pink

hong

merah

zi

ungu

lan

biru

lü

hijau

zong

coklat

hui

abu-abu

hei

hitam

hen duo/shao xu

banyak / sedikit

sheng qi/ping jing

marah / tenang

mei/chou

cantik / jelek

shou/wei

mulaih / selesai

da/xiao

besar / kecil

ming/an

terang / gelap

xiong di/jie mei

saudara laki-laki / saudara perempuan

gan jing/ang zang

bersih / kotor

wan zheng/que shi

lengkap / tidak lengkap

bai tian/wan shang

hari / malam

si/sheng

mati / hidup

kuan/zhai

luas / sempit

ke shi yong/fei shi yong

dapat dimakan / tidak dapat
dimakan

xie e/shan liang

jahat / baik

xing fen/wu liao

bersemangat / bosan

pang/shou

gemuk / kurus

di yi/zui hou

pertama / terakhir

peng you/di ren

teman / musuh

man/kong

penuh / kosong

ying/ruan

keras / lembut

zhong/qing

berat / enteng

e/ke

lapar / haus

sheng bing/jian kang

sakit / sehat

fei fa/he fa

ilegal / legal

cong ming/yu ben

cerdas / bodoh

zuo/you

kiri / kanan

jin/yuan

dekat / jauh

xin/jiu

baru / bekas

mei you/you xie

tidak ada apapun / sesuatu

lao/you

tua / muda

kai/guan

nyala / mati

da kai/he shang

buka / tutup

an jing/chao nao

tenang / keras

fu/qiong

kaya / miskin

dui/cuo

benar / salah

cu cao/guang hua

kasar / halus

shang xin/gao xing

sedih / gembira

duan/chang

pendek / panjang

man/kuai

pelan-pelan / cepat

shi/gan

basah / kering

wen nuan/liang shuang

hangat / sejuk

zhan zheng/he ping

perang / damai

0

ling

nol

1

yi

satu

2

er

dua

3

san

tiga

4

si

empat

5

wu

lima

6

liu

enam

7

qi

tujuh

8

ba

delapan

9

jiu

sembilan

10

shi

sepuluh

11

shi yi

sebelas

12

shi er

duabelas

13

shi san

tigabelas

14

shi si

empatbelas

15

shi wu

limabelas

16

shi liu

enambelas

17

shi qi

tujuhbelas

18

shi ba

delapanbelas

19

shi jiu

sembilanbelas

20

er shi

duapuluh

100

bai

seratus

1.000

qian

seribu

1.000.000

bai wan

juta

ying yu

Inggris

mei shi ying yu

bahasa Inggris Amerika

pu tong hua

bahasa Cina Mandarin

yin di yu

bahasa Hindi

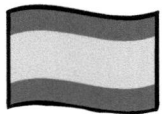

xi ban ya yu

bahasa Spanyol

fa yu

bahasa Perancis

a la bo yu

bahasa Arab

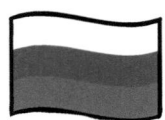

e yu

bahasa Rusia

pu tao ya yu

bahasa Portugis

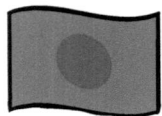

feng jia la yu

bahasa Bengal

de yu

bahasa Jerman

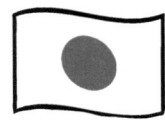

ri yu

bahasa Jepang

wo

saya

ni

kamu

ta/ta/ta

dia

wo men

kita

ni men

kalian

ta men

mereka

shei?

siapa?

shen me?

apa?

zen yang?

begaimana?

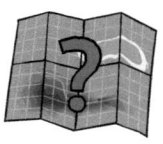

na li?

dimana?

shen me shi hou?

kapan?

ming zi

nama

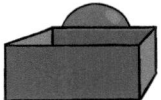

hou mian

dibelakang

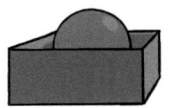

li mian

di

qian mian

didepan

shang fang

diatas

shang mian

diatas

xia mian

dibawah

pang bian

sebelah

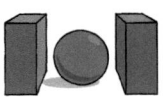

zhong jian

di antara

di dian

tempat